La route lotoise
G.P Dagrant

Les vitraux de trente-trois églises du Lot

Du même auteur*

Romans

Le Roman de la Révolution Numérique
Ils ne sont pas intervenus (le livre des conséquences)
Le roman du show-biz et de la sagesse
Quand les familles sans toit sont entrées dans les maisons fermées
Liberté j'ignorais tant de Toi
Viré, viré, viré, même viré du Rmi !

Théâtre

Neuf femmes et la star
Les secrets de maître Pierre, notaire de campagne
Ça magouille aux assurances
Chanteur, écrivain : même cirque
Deux sœurs et un contrôle fiscal
Amour, sud et chansons
Pourquoi est-il venu :
Aventures d'écrivains régionaux
Avant les élections présidentielles
Scènes de campagne, scènes du Quercy
Blaise Pascal serait webmaster
Trois femmes et un Amour
J'avais 25 ans
Le petit empereur veut fusionner les villages
La fille aux 200 doudous

Essais

Les villages doivent disparaître !
La sacem ? une oligarchie !
Comment devenir écrivain ? Être écrivain !
La grange de Montcuq était une chapelle du XIIIe siècle
Vivre Autrement (après les ruines), l'album invisible...

* extrait du catalogue, voir page www.ternoise.net

Stéphane Ternoise

La route lotoise G.P Dagrant

Les vitraux de trente-trois églises du Lot

Jean-Luc Petit éditeur - Collection Lot

L'auteur versant lotois :

http://www.lotois.fr

Tout simplement et logiquement !

Tous droits de traduction, de reproduction, d'utilisation, d'interprétation et d'adaptation réservés pour tous pays, pour toutes planètes, pour tous univers.

Site officiel : http://www.ecrivain.pro

© Jean-Luc PETIT - BP 17 - 46800 Montcuq – France

La route lotoise
G.P Dagrant

Les vitraux des églises sont rarement observés avec l'attention méritée...

Des raisons religieuses peuvent expliquer l'entrée dans des églises... Dans nos campagnes lotoises elles restent le plus souvent fermées...
Quand on trouve la bonne personne, sauf rares exceptions, l'ouverture s'effectue avec le sourire...

Cette *route Dagrant*, je vous la propose pour une raison artistique : la découverte d'un maître-verrier parmi les plus remarquables du dix-neuvième siècle : Gustave-Pierre Dagrant, né et décédé à Bordeaux, en 1839 puis 1915.

Il s'agit naturellement, également, de vous inviter à découvrir des villages dont la mise en valeur bénéficie peu des deniers publics...

Un autre tourisme est à inventer... avec la mise en valeur de "trésors cachés"...
Qu'on le regrette ou s'en réjouisse : notre art est imprégné de chrétienté... C'est ainsi... On le détruit ou le met en valeur ?

Au-delà de l'intérêt religieux, bien avant, il s'agit d'œuvres picturales.
Ouvrez les églises d'Albas, Arcambal, Bach, Caillac, Carnac-Rouffiac, Castelfranc, Cazals, Concots,

Cremps, Douelle, Duravel, Fargues, Flaugnac, Grezels, Labastide-du-vert, Laroque-des-Arcs, Les Junies, L'Hospitalet, Mauroux, Montcuq, Puy-l'Évêque, Saint-Daunès, Saux, Sauzet, Sérignac, St Vincent Rive d'Olt, Ste Croix, Valprionde , Varaire, Vaylats, Vire sur Lot.

Pour y montrer les œuvres d'un créateur alors apprécié bien au-delà du sud-ouest... Gustave Pierre Dagrant fut peintre-verrier de la basilique Saint-Pierre de Rome (le Pape lui décerna la croix de Saint-Sylvestre), il réalisa des vitraux de la basilique de Lujan (Argentine), le plafond en verrières de la Chambre des Représentants du Sénat de Bogota (Colombie)...

31 communes, 33 églises lotoises.

Stéphane Ternoise
Lotois http://www.lotois.fr
Et http://www.vitraux.info

Comment reconnait-on un Dagrand Dagrant ?

Le plus souvent, c'est écrit dessus ! Certes, de manière moins visible que la devise républicaine au fronton des mairies.

À Duravel, en 1880, le vitrail est signé *DAGRAND BORDEAUX*.

La date de création du vitrail nous est connue par "Novembre 1890" noté en dessous de "CONFRERIE des Pénitents" en bas de l'œuvre (il s'agit de l'organisme payeur)

À Sauzet, en 1914 : G.P Dagrant, avec un *t* en terminaison...

"G.P Dagrant" apparaît encore sur ce vitrail de 1919 en l'église Saint Privat de Montcuq... Le maître-verrier est décédé en 1915...

D suivi d'une date, c'est également sa signature. 1875 à Puy-l-Évêque ou 1897 aux Junies.

Paroisse Saint-Félix à Valprionde, dans la même église, le D et le T...

31 villages

On peut les regrouper par zones à visiter durant la journée :

- Varaire, Bach, Vaylats, Cremps, Concots ;

- Laroque-des-Arcs, Arcambal, L'Hospitalet, Flaugnac ;

- Douelle, Caillac, St Vincent Rive d'Olt, Albas, Castelfranc, Labastide-du-vert, Les Junies, Cazals ;

J'ai hésité à insérer Cazals sur cette route. Un peu trop au sud !

Cazals... je m'y suis rendu plusieurs années... au salon du livre... Jean Milhau, ès ami "de son prédécesseur et maître" Maurice Faure avait accédé à la présidence du Conseil Général en 1994... et "chez lui", il organisa un salon du livre, où son accueil fut toujours chaleureux. Il ne m'a même jamais demandé d'écrire une ode à sa gloire et son épouse, responsable de la bibliothèque municipale, acheta mes premiers livres, pourtant pas les plus intéressants...

Avec Gérard Miquel à la tête du département, on est passé, en 2004, à un autre domaine : la foire agricole de Flaujac-Poujols restera sa grande œuvre. Quant à Serge Rigal, on attend toujours sa grande implication dans un domaine. En doutant qu'elle puisse être culturelle.

Bref, Cazals fut l'un des rares endroits où mes livres purent être présentés... C'est le Lot...

- Grezels, Puy-l-Évêque, Duravel, Vire sur Lot ;

- Mauroux, Sérignac, Saux, Valprionde, Ste Croix, Montcuq, Saint-Daunès ;

- Sauzet, Carnac-Rouffiac, Fargues.

Représentations les plus fréquentes
La menuiserie

Flaugnac

Les Junies
Particularité : deux dates, 1897 et 1898.

Laroque-des-Arcs

La "sainte Famille" : Joseph et le Christ enfant travaillent à la menuiserie. Un marteau ou une scie... Marie assise et coud ou observe. Mais il ne s'agit pas des seules différences...

Montcuq, Saint-Hilaire

La Présentation de Marie au Temple

Concots

Une tradition catholique représente la Vierge accompagnée de ses parents dans le Temple de Jérusalem...
Cette scène, on la retrouve également à maintes reprises chez Henri Feur, de manière quasi identique. Elle peut servir à nous rappeler qu'ils furent élèves de Joseph Villiet.

Varaire

Castelfranc

Laroque-des-Arcs

Les Junies

Vaylats

Saint Jean-Gabriel Perboyre

Albas, 1896

Ste Croix, 1890
Don de Mgr Grimardias, évêque de Cahors

Douelle, 1904

Une vie lotoise étonnante : Jean-Gabriel Perboyre, né le 6 janvier 1802 à Mongesty (20 kms de Cahors). Crucifié en Chine le 11 septembre 1840.

Flaugnac, 1903

Béatifié le 10 novembre 1889 par le Pape Léon XIII, il accède ainsi au rang de *Bienheureux* à une époque de fortes créations de vitraux. Bon tempo ! Saint depuis 1996, canonisé par Jean-Paul II.

Albas, le missionnaire déguisé en chinois

Jeanne d'Arc

Sérignac (paroisse de Ferrières), 1900

En armure avec son étendard sur nos vitraux...

Flaugnac, 1903

Alors qu'elle fut Béatifiée uniquement en 1909 puis canonisée en 1920...

Sauzet, 1914

La forte présence de Jeanne d'Arc sur nos terres proviendrait-elle d'un profond ressentiment quercynois envers les anglais... à cette époque ?

Le vitrail le plus "surprenant"

Le bon missionnaire blanc et l'enfant noir

Dans une époque de France des colonies, le missionnaire blanc et l'enfant noir constitue pourtant un cas unique de vitrail parmi mes observations...
À Valprionde, paroisse de Saint-Félix, un don de la famille MOLINIE GASTAL, en 1890.

Dans le canton de Luzech, le Binôme victorieux en 2015 était formé de M. GASTAL Marc et Mme MAURY Maryse.

La présence de "*gens de couleur*" sur les vitraux est rare... en l'église de Saint-Servais (Bretagne), un missionnaire blanc baptise un enfant noir, présenté par son père ; d'autres enfants noirs observent la scène. Vitrail non signé. Sûrement d'autres. Ce serait un bon sujet, national...

L'argent des vitraux

Quand un budget est débloqué, des sommes considérables, pour un résultat décevant, peuvent être consacrées aux vitraux, comme récemment en la Cathédrale Saint-Étienne de Cahors.

La Cathédrale Saint-Étienne, classée aux *Monuments Historiques*, dont la construction s'étend du 11e au 15e siècle, on peut la considérer fruit d'un millénaire… Mais si le chœur bénéficie de magnifiques vitraux réalisés par Joseph Villiet, maître-Verrier à Bordeaux, commandés en 1872 par Monseigneur Grimardias, dans sa nef « *des verrières en mauvais état et constituées de verre clair losangé laissaient pénétrer une lumière crue* », manquaient d'intérêt touristique…

Selon une affiche de travaux, l'état a financé à 100%, 580 000 euros, la réalisation par l'artiste Collin-Thiebaut, des vitraux de l'atelier Parot, échafaudage Vermorel Sa.

Selon le communiqué officiel : « *Parmi les trente-et-un artistes qui ont posé leur candidature, Gérard Collin-Thiébaut, artiste français vivant en Franche-Comté, et le maître-verrier Pierre-Alain Parot, dont l'atelier est installé en Bourgogne, ont été choisis.*
Le projet concernait 90 m2 de vitraux, répartis dans les deux travées de la nef, soit onze baies organisées en quatre groupes représentant chaque Évangéliste : Matthieu, Marc, Luc et Jean. Trois sont composés de trois baies, le quatrième est composé d'une rosace et d'une baie simple.
La proposition de Gérard Collin-Thiébaut affirme un parti pris figuratif afin de retrouver le mécanisme

primitif de la lecture et de renouer avec la fonction pédagogique des vitraux.
L'originalité du projet réside dans les emprunts iconographiques utilisés par l'artiste. Des images tirées de tableaux, de fresques, de photogrammes et de photographies ont été superposées, juxtaposées sur chacune des baies. Jouant avec le chevauchement des images, les décalages des lignes et les strates de couleurs, ces images, parfois nettes ou pixelisées, appellent à être décryptées par le spectateur. »

Cette "information" précisait : « *d'un coût de 580 000 €, le projet a été financé par l'État avec le concours de la Fondation d'entreprise GDF SUEZ pour un mécénat de 80 000 €.* »

Qui a décidé de débloquer une telle somme pour un travail tellement contestable ? Qui a sélectionné l'heureux lauréat ? Des projets plus raisonnables me semblent pourtant avoir été proposés.

Si on retient ces 580 000 euros pour 90 m2 de vitraux, quelle valeur atteignent ceux de ces trente-trois églises ?

En dehors de ces périodes de largesse d'état, qui se soucie des "fenêtres" ?

Quatre maîtres verriers majeurs

Le Lot, dans sa multitude d'églises, possède des œuvres précieuses, ayant conservé une grande partie des créations de la fin du dix-neuvième siècle, période faste pour cet art.

Quatre noms majeurs : Joseph Villiet, Henry Feur, Louis-Victor Gesta et Pierre-Gustave Dagrant.

Art...

Des églises... Art roman, art gothique...

- Et les vitraux ?
- Je n'ai pas fait attention !

Il ne s'agit pas ici d'expliquer l'iconographie religieuse mais d'exposer un travail... En essayant d'alerter sur l'urgence de la protection de certaines de ces œuvres en grands dangers de cailloux de colères et autres incivilités, ou plus simplement de nécessaire entretien...

Arcambal

Un seul vitrail Dagrant, de 1890, dans cette église... et des vitraux "modernes"... Qui laissent imaginer une église totalement réalisée par l'atelier bordelais à la fin du dix-neuvième et une destruction de ce travail...

Des vitraux "modernes" non datés, sortis des ateliers de Mauméjean Frères Paris Hendaye... avant 1930, car offerts par "Mme Marie Antoinette Lacroux-Lacoste Baronne de Gouttes-Lagrave". Les plus anciens se souviendront avoir lu « *rappelée à Dieu le 4 mars 1930, à l'âge de 90 ans, au château d'Arcambal* » ?

Les vitraux c'est parfois un peu d'histoire locale. Sinon, qui se souviendrait de cette Baronne de Gouttes-Lagrave ?

Albas

Une église dont l'ensemble des vitraux furent réalisés par Dagrant, en 1896. Les plus perspicaces reconnaîtront une représentation de Rocamadour.

Arcambal

Albas

Albas

Albas

Bach

Bach

Parfois les toiles d'araignées offrent une composition récente sur ces œuvres, comme sur ce Saint Pierre reconnaissable à ses clefs.

Bach

Caillac

Caillac

Carnac-Rouffiac

Carnac-Rouffiac

Castelfranc

Castelfranc
Sainte Agnès

Castelfranc

Regarder le reflet des vitraux peut offrir de belles émotions

Castelfranc

Cazals

J'ai une tendresse particulière pour St Antoine,
l'Égyptien, avec ou sans son cochon.

Cazals

Sainte Anna, que nous retrouverons à Montcuq

Cazals

Concots

Concots

Avez-vous reconnu mon cher St Antoine ?

Concots

Concots

Cremps

L'unique église présentée dans ce livre où les œuvres de Dagrant ne sont pas signées.
L'église, comme l'explique une plaque, fut "consacrée" le 13 octobre 1909 par monseigneur Victoir Onésime Laurans, évêque de Cahors.

Selon la notice sur les vitraux, les 51 tableaux furent réalisés par G.P. Dagrant qui « *a groupé autour des Mystères du Rosaire les scènes de l'Ancien et du Nouveau Testament.* »

J'apprenais ainsi : « *jusqu'au XXe siècle, il y avait 3 séries de 5 mystères : 5 mystères joyeux, 5 mystères douloureux, 5 mystères glorieux.*
En 2002, le pape Jean-Paul II a ajouté 5 mystères lumineux.
L'ensemble des 4 chapelets compose le Rosaire. Tous ces mystères sont représentés sur les vitraux de l'église de Cremps, y compris ceux de la nouvelle série qui n'étaient pas prévus à l'origine. »

De quoi intéresser "un certain public"...

Quant à l'absence de signature, elle reste un mystère ! Aucune ne semble pouvoir s'être effacée sur ces vitraux en très bon état...

Cremps

Cremps

Cremps

Douelle

Saint Stéphane à côté de Saint Perboyre.
Même s'il possède une plume, je n'en suis pas la réincarnation. Mais c'est évident : il s'agit de chrétienté et non du bouddhisme. On peut s'y perdre...

Douelle

La durée de vie des vitraux ?

Une centaine d'année. Des restaurations, surtout des baguettes de plomb entre les pièces sont alors indispensables. Les trente-et-unes municipalités en sont conscientes ? Ou laisseront le temps et l'indifférence rayer de leur patrimoine ce travail ? Quand l'idéologie des « communes nouvelles » aura anéanti la ruralité, certaines églises seront vendues au Qatar ? Car quand même, que ferait une commune de vingt-cinq églises ?

Douelle

Douelle

Douelle

Dans le Lot, nous avons entendu parler de Mirza mais qui connaît Zachée ? Le Zachée de l'évangile serait celui de Roc-Amadour... *On nous cache tout on nous dit rien*. Ou alors le son de la radio est plus fort que l'encre de la *Vie Quercynoise* ?

Duravel
Il ne s'agit pas du village de la bière.

Fargues

Flaugnac

Ainsi l'existence de Sainte Clotilde me fut révélée...

Grezels

Ne serait-ce pas St Hilaire ? De 1877

Grezels

Les Junies

Vous pouvez vous y rendre également pour découvrir dans la même église des vitraux parmi les plus anciens du département...

Labastide du vert

Labastide du vert. Le curé d'Ars

Alors que Blancat sera chargé des vitraux de la Nef en 1935 (intéressants St François de Sales et Saint Vincent de Paul) Dagrant réalisa le chœur en 1911.

Laroque-des-Arcs

L'Hospitalet

Vous le reconnaissez ? De 1894.

Mauroux

Mauroux

Notre Dame de Rocamadour, de 1891

Mauroux

Montcuq

Église Saint-Hilaire, en 1893

Montcuq

Église Saint-Hilaire, en 1893

Montcuq, Église Saint-Hilaire, en 1893

Jésus et la Samaritaine au puits. Et non Francis Cabrel et Isabelle Bouley chez Nino Ferrer.

Montcuq

Église Saint-Privat, en 1889

Montcuq, Église Saint-Privat, en 1889

(Sainte Agathe)

Montcuq, Église Saint-Privat.
Où l'on retrouve Sainte Anna, de 1889

Montcuq, Église Saint-Privat, en 1889

Sainte Catherine des araignées.

Montcuq

Église Saint-Privat, en 1919.

Les vitraux dédiés à la « première guerre mondiale » sont rares. Celui-ci est donc signé GP Dagrant, quatre ans après la disparition du maître-verrier bordelais. Ce n'est pas un problème d'impression : deux blessures nécessiteraient une intervention. Un projet du « grand Montcuq » ?

Montcuq, deux églises dans "le centre"... et une aperçue au dessus du lac de Saint-Sernin. Certains la prétendent vendue en bien national après notre "Révolution"... Ils n'ont pas observé la présence de vitraux réalités par Dagrant...

Montcuq, au dessus du lac de Saint-Sernin
Entrée impossible.

Montcuq, au dessus du lac de Saint-Sernin

L'ombre peut nous induire en erreur...

Puy-l'Évêque. Ayant reconnu de l'extérieur mon maître-verrier préféré, je suis parvenu à me faire ouvrir l'église de la Paroisse d'Yssudel.

Puy-l'Évêque

Et m'apparut le « Saint Patron » des écrivains, réalisé en 1875.

Saint-Daunès, en 1889

Saint-Daunès, en 1889

Saint-Daunès, en 1889

Saint François d'Assise, l'un de "mes préférés". Sa vie me semble devoir être étudiée...

Saux, des vitraux en très mauvais état

Sauzet, 1914 puis 1916...

Sérignac (Ferrières)

St Vincent Rive d'Olt, 1902

St Vincent Rive d'Olt, 1902

Ste Croix

Ste Croix... Une restauration a supprimé les vitraux du chœur... Quant à cette ouverture à côté du Bienheureux Perboyre, fut-elle toujours ainsi ?

Valprionde (paroisse de St Félix)

Varaire, 1896

Varaire, 1896

Vaylats

Vaylats

Vaylats

Vire sur Lot

Vire sur Lot

Vire sur Lot

La vie de Gustave Pierre Dagrant

Peintre, maître-verrier, né et décédé à Bordeaux, les 13 septembre 1839 et 21 décembre 1915.
Comme Henry Feur, Gustave Pierre Dagrant fut l'élève de Joseph Villiet (1823-1877) dont les œuvres restent visibles en la Cathédrale Saint-Étienne de Cahors et à Figeac.

Sa vie intéresse peu notre époque : peu d'informations accessibles...

Son contrat de mariage du 1er octobre 1863 nous est connu, il y est présenté « *ouvrier peintre verrier.* » Il épousa Jeanne-Eugénier Chartier le surlendemain, à Bordeaux.

C'est à Bayonne, où ses parents "étaient propriétaires", qu'il créa son premier atelier.
Il en ouvrit un second à Bordeaux, en 1873, 7 cours Saint-Jean, dans un immeuble acheté par sa belle-mère.

Élément en apparence futile, anodin et dérisoire : en 1889, un jugement du tribunal d'instance de Bordeaux autorisa le maître-verrier à modifier l'orthographe de son nom et à remplacer le **d** final par un **t**, pour s'appeler Dagrant (A.M.Bx 1 E 346 n°1043 bis)... mais l'ancienne orthographe sera encore fréquemment utilisée pour sa signature des vitraux... (les productions de l'atelier de Bayonne sont signées Dagrand, celles de Bordeaux Dagrant ou Dagrand)

Il a participé à de nombreuses expositions, glanant ainsi des médailles. Vitraux religieux "obligent", le pape lui attribua la croix de chevalier de l'Ordre de Saint-Sylvestre.

« *À la fin du XIXe siècle l'entreprise est à son apogée et occupe une cinquantaine d'ouvriers [...] sa production est considérable [...] environ 3 000 édifices religieux et France et à l'étranger.* » (Jean-Jacques Michaud, *Recherche biographique sur les peintres verriers bordelais à l'époque contemporaine*)

3 000 édifices religieux : principalement les verrières lors de restaurations d'églises du grand sud-ouest. Mais sa réputation lui permit de porter son art au-delà des frontières : l'Italie (Gustave Pierre fut peintre-verrier de la basilique Saint-Pierre de Rome), l'Amérique du Sud (la basilique de Lujan en Argentine ; les plafonds en verrières de la Chambre des Représentants du Sénat de Bogota en Colombie...)

En 1915, membre du conseil municipal de Bordeaux, où il était chargé des Beaux-Arts, il décédait. Ses fils furent ses successeurs : Maurice (1870-1951), Charles (1876-1938), Victor (1879-1925).

Sa fille Marthe Marie épousa Albert Borel, également entré dans la carrière.

Ses successeurs continueront à utiliser « la marque » GP Dagrant... Mais la loi de Séparation des Églises et de l'État puis la Première Guerre Mondiale furent fatales à l'entreprise, qui vivota pourtant... jusqu'en 1972.

Protéger les vitraux ?

Certes, un grillage de protection extérieure gêne parfois le passage de la lumière...
Mais l'absence de grillage (la discrétion existe) semble une provocation aux lanceurs de cailloux de toutes revendications...

Quand la banlieue descendra sur nos villages, que restera-t-il de nos vitraux ?

Ces vitraux sont des œuvres d'art... Protégez-les... Un "modeste grillage" évite déjà de nombreux dommages...

Un détail...

Quant à ce détail, le retrouverez-vous. Je croise les doigts pour l'avenir de ces vitraux. Quant à celui du livre ? Certains maires m'en voudront peut-être de ne pas le leur offrir ?

Auteur

Né en 1968, il publie depuis 1991, d'abord sous son nom de naissance puis sous divers pseudonymes, éditeur indépendant depuis son premier livre.

Dès 2004, il a proposé des livres numériques, en PDF. Mais c'est en 2011 seulement que les ventes dématérialisées ont démarré. Son catalogue numérique (depuis mi 2011 distribué par *Immateriel*) a ainsi rapidement dépassé celui du papier, grâce à des essais, des livres de photos... tout en continuant la lente écriture dans les domaines du théâtre et du roman. Depuis octobre 2013, et son « identifiant fiscal aux États-Unis », son catalogue papier tend à rattraper celui en pixels.

Il convient donc de nouveau d'aborder l'auteur sous le biais de l'œuvre. Ainsi, pour vous y retrouver, http://www.ecrivain.pro essaye de fournir une vue globale. Et chaque domaine bénéficie de sites au nom approprié :
http://www.romancier.org
http://www.parolier.org

http://www.essayiste.net

http://www.dramaturge.fr
http://www.lotois.fr

Vous pouvez légitimement vous demander pourquoi un auteur avec un tel catalogue ne bénéficie d'aucune visibilité dans les médias traditionnels. L'écriture est une chose, se faire des amis utiles une autre !

Mentions légales

Tous droits de traduction, de reproduction, d'utilisation, d'interprétation et d'adaptation réservés pour tous pays, pour toutes planètes, pour tous univers.

Site officiel : http://www.ecrivain.pro

Présentation des livres essentiels :
http://www.utopie.pro

Vous pouvez acquérir ces clichés au format originel du photographe, en droit de reproduction, exemplaires numérotés et signés, sur http://www.galerie.me

Dépôt légal à la publication au format ebook du 4 juillet 2014.

Imprimé par CreateSpace, An Amazon.com Company pour le compte de l'auteur-éditeur indépendant **livrepapier.com**.

ISBN 978-2-36541-676-4
EAN 9782365416764
La route lotoise G.P Dagrant (les vitraux de trente-trois églises du Lot) de Stéphane Ternoise
© Jean-Luc PETIT - BP 17 - 46800 Montcuq France

www.ingramcontent.com/pod-product-compliance
Lightning Source LLC
Chambersburg PA
CBHW042321150426
43192CB00001B/15